LETTRE

DU

GÉNÉRAL HEUSSEIN

AU

Collége de la Défense du Gouvernement Tunisien
Dans l'affaire du Caïd NESSIM SAMAMA

TRADUCTION DE L'ARABE

PARIS

TYPOGRAPHIE ET LITHOGRAPHIE Vves RENOU, MAULDE ET COCK

144, RUE DE RIVOLI, 144

1878

LETTRE

DU

GÉNÉRAL HEUSSEIN

AU

Collège de la Défense du Gouvernement Tunisien
Dans l'affaire du Caïd NESSIM SAMAMA

TRADUCTION DE L'ARABE

PARIS

—

1878

LETTRE

DU

GÉNÉRAL HEUSSEIN

AU

Collége de la Défense du Gouvernement Tunisien, dans l'affaire du Caïd NESSIM SAMAMA

TRADUCTION DE L'ARABE

Louange à Dieu!

MESSIEURS,

Le concours dévoué et éclairé que vous avez bien voulu me prêter depuis plusieurs années pour la défense des intérêts du Gouvernement tunisien, l'accueil si bienveillant que j'ai rencontré moi-même auprès de la justice italienne sont autant de raisons qui m'autorisent à vous présenter quelques observations relatives au grave débat qui est actuellement soumis à la haute appréciation de la cour de Lucques.

Le jugement rendu par le tribunal de Livourne, le 27 janvier 1878, décide en principe que *le général comte Nessim Samama, décédé à Livourne, est mort sans nationalité, parce qu'il avait renoncé à sa nationalité de Tunisien.*

2.

Le Tribunal, pour arriver à cette conclusion, s'est appuyé sur des motifs qui ont été puisés à trois sources différentes :

1° Les principes de droit international qui règlent la faculté de renoncer au titre de citoyen ou à la nationalité d'origine ;

2° Les dispositions spéciales qui, dans la régence de Tunis, modifiant le droit international, limitent ou enlèvent entièrement au sujet et citoyen tunisien, la faculté de renoncer à sa patrie ;

3° L'hypothèse que le comte Caïd Nessine Samama : 1° A eu l'intention de renoncer à sa première nationalité ; 2° A accompli manifestement cette renonciation ; 3° S'est dépouillé régulièrement et efficacement de sa nationalité tunisienne.

Les honorables avocats chargés de notre défense établiront facilement que ce jugement fait une application erronée ou incomplète des principes qui régissent les lois tunisiennes, établit une confusion entre des législations absolument différentes et contient plusieurs erreurs de fait absolument matérielles.

Nous voulons simplement leur présenter quelques observations très-simples, très-courtes et de nature à les éclairer sur certaines questions spéciales.

§ 1er.

Le jugement, dont est appel, estime tout d'abord que « chez les Ro-
« mains, on admettait autrefois qu'il n'était permis à personne de
« renoncer, par un simple acte de sa propre volonté, à sa nationalité
« d'origine, il motive cette disposition en ajoutant que le fait de la nais-
« sance d'un individu au milieu d'une société crée entre cette société et
« cet individu des droits et des obligations équivalentes à un contrat,
« qui ne peut être rompu que par le consentement des deux parties.

Le jugement ajoute que « cette doctrine était en vigueur sous le régime
« féodal, lorsque l'homme était considéré comme un accessoire du terri-

« toire, comme s'il était créé au bénéfice d'un maître ; que cette doctrine « a dû nécessairement tomber avec le régime féodal, dont elle était une « conséquence, et laisser le champ libre à des principes qui s'harmo- « nisent mieux avec la faculté que la nature a accordée à chacun de « voyager librement sur toute la surface du globe, de fixer sa résidence « dans le lieu qu'il juge convenir le mieux à l'exercice de son activité « individuelle et à l'acquisition de la plus grande somme de bien-être à « laquelle il aspire ; que cela peut avoir lieu d'une manière expresse ou « tacite, telle que par l'acquisition de la nationalité en pays étranger, « par l'acceptation d'un emploi public, ou par l'admission au service « militaire dans un pays étranger sans le consentement du gouvernement « national, et par l'établissement en pays étranger sans esprit de « retour. »

Le jugement en conclut que le Caïd Nessim avait la pleine et entière facilité de renoncer à la nationalité tunisienne, expressément ou tacitement, par son établissement dans un pays étranger sans esprit de retour, et il ajoute que, pour éviter les graves contestations qui pourraient s'élever sur la renonciation tacite, le Code italien a autorisé la renonciation expresse devant l'officier de l'état civil.

La loi italienne considère donc la renonciation tacite comme très-douteuse dans la pratique, très-rare et très-difficile à constater ; mais le jugement, se fondant sur le défaut de production du texte tunisien, décide sans hésitation que ce moyen, douteux en Italie, est existant et efficace en Tunisie, et dans l'impossibilité où il est de nous appliquer la loi italienne, il nous gratifie, *motu proprio*, d'une loi que nous n'avons pas, et en tire une conclusion vraiment étrange.

Nous pouvons répondre à cet égard : Puisque les Romains ne permettaient pas à leurs concitoyens de passer à une nationalité étrangère, qu'est-ce qui empêche que le droit musulman n'ait des dispositions analogues sur cette matière?

Les premiers juges ajoutent que « si, dans la législation tunisienne, il

« existait une disposition quelconque qui privât absolument ses citoyens « de la faculté de renoncer à leur nationalité, ou limitât d'une manière « quelconque l'exercice de cette faculté, une telle disposition ne pour- « rait pas être ignorée, de l'avis du tribunal, par celui qui représente le « gouvernement de ce pays, puisque ledit gouvernement est partie dans « la cause actuelle, et que même il y est volontairement intervenu, pour « s'associer à la défense de celui qui a un intérêt capital à faire déclarer « la nullité du testament. »

Nous répondons que le représentant du gouvernement est un de ceux qui pensent que la charge de la preuve établissant la faculté de passer à une nationalité étrangère incombe à celui qui prétend que cette faculté existe, d'autant plus que la défense de changer de nationalité est tout à fait naturelle, puisqu'il s'agit d'une chose évidente par elle-même; car personne n'ignore que la société politique islamique a pour base la théocratie, et que tous les sujets d'un État musulman, quels que soient leur race ou leur culte, sont régis politiquement par les dispositions du Châra, pour les droits comme pour les devoirs, et qu'ils sont sous cette dépendance, en vertu du lien religieux s'ils sont musulmans, et en vertu du lien qui résulte du pacte de sujétion s'ils sont non musulmans.

Or, l'un et l'autre lien sont indissolubles; car la loi théocratique défend au sujet non musulman de violer le pacte de sujétion, de même qu'elle défend au musulman d'apostasier. Et il n'y a rien d'extraordinaire en ce qu'une seule loi de nature mixte régisse politiquement des sujets de culte différent. Seulement, en Europe on a donné comme base la préférence aux nationalités ou races, tandis que les musulmans, se fondant sur ce que l'espèce humaine est une, ont donné la préférence à l'idée religieuse ou théocratique.

Parmi les dispositions de notre législation musulmane se trouve celle-ci : que les sujets non musulmans, en vertu justement du pacte de sujétion, rentrent dans le giron de la loi et acquièrent les mêmes droits et sont soumis aux mêmes obligations que les autres sujets musulmans. Cette disposition religieuse et originale a toujours été observée, confirmée par les lois postérieures, et jusqu'à présent elle n'a subi dans notre pays aucun changement; la perte de la nationalité n'existe pas dans le droit musulman, ainsi que nous l'avons déjà dit.

Le musulman qui abandonne la loi du Coran n'est plus musulman, et doit être puni comme apostat toutes les fois que la main de la justice peut l'atteindre. Il en est de même pour le non musulman qui enfreint le pacte de sujétion, comme cela est indiqué et exposé dans nos livres de droit.

Celui donc qui prend en considération ce que nous venons de dire s'apercevra aisément que notre législation n'a pas les mêmes bases que celles des Romains (telles que paraît le comprendre le jugement), quoiqu'elles se rencontrent dans plusieurs dispositions.

L'Islam ne reconnaît pas de féodalité comme celle qui a existé en Europe; car les sujets musulmans jouissent de la liberté pleine et entière de parcourir le monde dans tous les sens et de résider où bon leur semble, à la condition d'être soumis aux lois fondamentales de leur patrie et de ne pas outrepasser les limites prescrites par le Coran, dans lesquelles se trouve l'obligation de respecter les pactes et les conventions.

On voit par là que la loi islamique ne défend pas les voyages et la résidence en pays étranger, pour cause de commerce ou intérêts importants, une fois que l'individu s'est assuré que, dans le pays où il se rend, il trouvera protection pour sa personne, pour ses biens et pour l'exercice de sa religion, selon les traités existants entre les Gouvernements; de manière que, si le sujet musulman meurt en pays étranger, sa succession doit passer à ses héritiers dans les proportions établies par la loi musulmane. *Il en est de même pour le sujet non musulman d'un Gouvernement musulman, parce que le pacte de sujétion reste toujours le même, et qu'aucune des deux parties ne peut jamais le détruire.*

Ainsi, le voyage et la résidence en pays étranger du sujet non musulman n'entraînent jamais la violation ou la destruction du pacte de sujétion entre le sujet et son Gouvernement; mais, s'il a pris les armes et s'il a aidé les ennemis de son Gouvernement, il sera poursuivi comme les apostats, puni toutes les fois que la main de la justice pourra l'atteindre, et il ne cessera pas d'être sujet de son Gouvernement.

On voit que le sujet d'un Gouvernement musulman, quelle que soit sa religion, quand même il aurait obtenu une nationalité étrangère, un emploi public ou son admission dans le service militaire d'un pays étranger *sans le consentement de son Gouvernement*, ne perd pas pour cela sa nationalité d'origine, et que son Gouvernement ne lui reconnaîtra jamais cette perte. C'est pour cela qu'en rentrant dans sa patrie, il n'a aucune procédure à suivre pour être reconnu sujet du pays, puisqu'il n'a jamais cessé de l'être.

Le musulman ne sera point, par le seul fait de se trouver dans une des circonstances précédentes, considéré comme apostat, et pareillement le sujet non musulman ne sera point considéré comme coupable d'avoir violé le pacte de sujétion, si toutefois les interprètes de la loi religieuse ne voient pas dans ces faits une apostasie de la part du sujet musulman et la violation du pacte de sujétion de la part du sujet non musulman.

Or, si le fait d'avoir obtenu une nationalité étrangère ne fait pas, d'après la loi musulmane, perdre la nationalité d'origine, à plus forte raison la résidence ne saurait produire ce résultat, quand même elle aurait lieu sans esprit de retour, l'intention n'étant pas à apprécier dans ces sortes de cas; car on peut se décider à faire une chose et s'en abstenir ensuite selon les circonstances, au moment de l'exécuter.

En résumé, les lois tunisiennes ne permettent pas aux sujets tunisiens de passer à une autre nationalité, ainsi que nous l'avons déjà dit et que nous le dirons dans la suite.

Il résulte donc de tout ce qui précède que, si un sujet tunisien se rend dans un autre pays, et même s'il y obtient la naturalisation, le gouvernement tunisien ne la tiendra pas pour valable, quoiqu'il ne puisse pas mettre la main sur son sujet dans la contrée où il se trouve. Ce qui le prouve, c'est que si le sujet rentre dans le royaume tunisien, on lui applique tout simplement la loi tunisienne, puisque, comme nous l'avons dit, il n'est pas besoin de procédure spéciale pour qu'à sa rentrée il soit maintenu dans sa nationalité d'origine; à plus forte raison, s'il n'a obtenu aucune nationalité étrangère, comme cela se vérifie dans l'espèce.

Tel est le sens et la portée de l'article 92, exposé comme preuve dans l'une des pièces produites par un de nos consorts de litige; mais malheureusement, le jugement n'a pas fait un bon accueil à cette pièce, parce qu'il l'a comprise dans un sens tout à fait opposé à celui qu'elle comporte, après avoir fait allusion à la doctrine de Celse.

La réponse sur ce point est que nos adversaires sont au courant de la langue arabe, et que, s'ils avaient vu dans les autres articles du Canoun quelque chose qui nous fût contraire, ils se seraient empressés de la produire.

Voici le texte de l'article 92 sus-énoncé :

« Si un Tunisien se rend dans un autre État pour quelque cause et « dans quelque but que ce soit, que son absence se prolonge ou non, « qu'il ait été considéré ou non comme sujet du pays dans lequel il « s'est rendu, et qu'ensuite il soit rentré dans le royaume tunisien, il « sera considéré comme faisant partie de ses sujets de même qu'auparavant. »

Dans les expressions *qu'il ait été considéré ou non* comme sujet du pays dans lequel il s'est rendu, se trouve la preuve évidente que le Gouvernement tunisien ne lui reconnaît ni le changement de nationalité, ni son entrée au nombre des sujets d'un autre État; car le rédacteur de l'article a employé une expression spéciale, autre que celle qui est ordinairement usitée et qui, dans la langue arabe, est applicable au sujet tunisien qui pourrait se considérer comme étranger, ou au gouvernement étranger qui pourrait considérer le sujet comme naturalisé, mais nullement au gouvernement tunisien, qui, grammaticalement parlant, reste tout à fait étranger au mot *considéré*.

Ainsi donc, quand le jugement décide que « l'article 92 susdit, si tou- « tefois il exprime quelque chose, ne contient assurément aucune dispo- « sition tendant à limiter la faculté de renoncer à la qualité de citoyen « tunisien, mais qu'il sert même, par son texte, à confirmer ladite « faculté » (voir p. 76 et 77 du jugement), il interprète étrangement cet article et commet une grave erreur. Car, si cela était admissible, les traités conclus entre le gouvernement italien et le gouvernement tunisien n'auraient plus de raison d'être; car, si le sujet tunisien perdait sa nationalité par le seul fait de sa sortie du pays natal, comment expliquer l'existence de l'article 8 du traité qui dit : « Les sujets et « citoyens de chacune des deux parties contractantes pourront réci- « proquement entrer en toute liberté dans une partie quelconque « des territoires respectifs, y résider, y voyager, etc. ; » et celle de l'article 2, où il est dit que « les Italiens, à Tunis, et les Tunisiens en Italie « jouiront, sous ce rapport, de la même liberté et de la même sécurité « que les nationaux. »

Est-il raisonnable de supposer qu'un gouvernement accorderait à ses sujets la faculté de quitter son territoire et de résider à l'étranger, s'il voyait en cela une circonstance qui les fît considérer comme étrangers à leur patrie jusqu'à leur retour?

Comment serait-il possible d'expliquer aussi l'article 19, qui s'exprime ainsi : « Les sujets tunisiens, en Italie, sont admis sans condition ou « restriction quelconque, et quelle que soit leur résidence, à la jouis- « sance des droits civils à l'égal des Italiens, selon les règles du Code « civil et des autres lois en vigueur en Italie. »

Nous ne suivrons pas nos adversaires sur le terrain où ils se sont placés dans leurs appréciations sur la Fetwa de Son Éminence le Cheik el Islam, qui, en raison de sa haute dignité et de l'honorabilité de son caractère, devait être à l'abri d'insinuations malveillantes et trop peu respectueuses. Notre désir est, avant tout, de ne point passionner ce débat, et si nous sommes affligés de ces attaques, nous avons, en revanche, la plus intime confiance que la Cour de Lucques le vengera elle-même par l'arrêt que nous sollicitons de sa justice.

Quiconque comprend le sens, le but et la portée véritables de l'article 92, doit absolument, pour être juste, décider la question dans le sens que nous avons indiqué. Il faut bien remarquer, en outre, que le motif de l'insertion de cet article, dans notre Code politique, qui est un développement du pacte fondamental (Aad El Aman) sur lequel feu S. A. le bey Mohammed basa sa constitution, est que les étrangers établis dans notre royaume ne sont pas, malheureusement pour nous, soumis directement à la juridiction locale, par suite d'une prétendue conséquence des capitulations, de manière qu'ils sont tous sous la juridiction de leurs consuls respectifs.

Cet état de choses nuit aux sujets tunisiens au delà de toute expression, car les étrangers, le cas échéant, obtiennent justice dans le plus bref délai, tandis que les nationaux ne peuvent l'obtenir contre eux qu'avec la plus grande difficulté, l'appel ne pouvant être vidé qu'à l'étranger et devant les tribunaux des pays de leurs adversaires ; il n'est pas difficile de comprendre combien il en résulte de dommage pour les Tunisiens dans l'exercice de leurs droits.

Prenant en considération cette situation, les négociants et commerçants de notre pays ont pensé qu'ils ne pouvaient entamer des relations avec les étrangers qu'en étant sur le même pied qu'eux quant à la protection. C'est pourquoi un grand nombre de négociants tunisiens, israélites pour la plupart, avaient pris l'habitude de se rendre dans les pays étrangers et de revenir dans leur pays, munis de pièces spécieuses concernant la protection, sous prétexte qu'ils étaient d'origine étrangère, sans aucune preuve légale ; ou bien ils tentaient par des moyens quelconques de se faire considérer comme nationaux de puissances étrangères d'après les coutumes ou la législation desdites puissances.

Pour arrêter les progrès de cette désertion très-préjudiciable à nos nationaux, le Gouvernement établit l'article 92, que nous avons transcrit plus haut.

4.

Or, le sens et la portée de cet article sont que le Gouvernement tunisien ne reconnaît point de circonstance qui puisse faire perdre au sujet tunisien sa nationalité, sous quelque prétexte que ce soit, c'est-à-dire, ni par la durée de sa résidence en pays étranger, ni par l'accomplissement des conditions moyennant lesquelles on obtient la naturalisation étrangère.

S'appuyant sur cette loi, le Gouvernement tunisien a décidé et proclamé, sous toutes les formes, que tous les agissements des sujets tunisiens pour se soustraire aux obligations de sujet, viendraient se briser contre sa volonté inébranlable, et qu'ils ne cesseraient jamais d'être considérés comme sujets tunisiens; que tout ce qu'ils auraient fait pour obtenir la naturalisation étrangère et perdre leur nationalité d'origine, serait nul et de nul effet devant la loi tunisienne, expliquant ainsi le mot *considéré*, que nous avons déjà montré, et qui indique qu'il ne s'applique point au Gouvernement tunisien.

Dès lors, dans cet article, on n'a parlé du retour que pour remédier aux inconvénients que l'on prévoyait pouvoir résulter du fait de ceux qui s'absentent dans le but d'obtenir des titres de protection ou de nationalité, afin de s'en servir au besoin contre les autres étrangers résidant dans le Royaume de Tunis.

Quoique cela puisse être considéré comme avantageux aux premiers, il n'en est pas moins vrai qu'il en résulterait l'élargissement du cercle des difficultés dans l'administration locale. C'est pourquoi, dans l'article 92, on a appelé plus particulièrement l'attention sur le retour, comme cause ordinaire des complications auxquelles on a fait allusion plus haut.

Cela étant, le silence de l'article en question sur le manque de retour n'est pas une raison qui puisse faire supposer que le Gouvernement renonce à ses droits sur ses sujets pendant leur séjour à l'étranger.

Et comment cela pourrait-il se concilier avec sa persévérance à faire respecter ses conventions ou ses traités avec les puissances en ce qui concerne les sujets tunisiens à l'étranger ?

Le retour dont il est fait mention est aussi le but des particuliers qui s'absentent pour obtenir la protection ou la naturalisation étrangère ; car l'amour du sol natal, qui est naturel à tout individu, l'attire toujours vers le lieu de sa naissance, quand il lui est possible d'y résider à l'abri des abus, et particulièrement lorsqu'il a la perspective de se soustraire par là aux charges et obligations incombant aux nationaux. Aussi, l'homme qui met avant tout ses intérêts personnels ne peut rien trouver de mieux ; mais les hommes animés de sentiments élevés et patriotiques aiment mieux partager avec leurs concitoyens les avantages et les charges de la patrie.

En conséquence des explications que nous venons de donner, tout doute et toute ambiguïté relativement à l'article 92 disparaissent entièrement.

Le Tribunal, en ce qui concerne le second document produit par M. Nathan Samama, dans le but de prouver que la législation tunisienne ne permettait pas au caïd Nessim de se dépouiller de sa nationalité d'origine, c'est-à-dire la fetwa du cheik El Islam et l'un de ses collègues, estime que « ce document lui inspire peu de confiance pour trois rai-
« sons : par sa date, par sa forme et par les déclarations mêmes qu'il
« contient.

« Par sa date, parce qu'il est du 29 djoumad 1er 1294 de l'hégire, cor-
« respondant au mois de juin 1877, et qu'il pourrait faire soupçonner
« qu'il a été rédigé pour le besoin de la cause et au moment où le juge-
« ment allait être prononcé, afin de l'opposer aux précédentes déclara-
« tions de l'autorité musulmane de Souse.

« Par sa forme, premièrement, parce qu'il contient une demande sans
« qu'il y soit dit quelle est la personne qui interroge, de manière qu'on
« pourrait supposer que le véritable auteur de la question est le Gouver-
« nement tunisien lui-même, qui, dans ce cas, aurait rempli le double
« rôle d'interrogateur et de répondant ; et, secondement, parce que la
« demande contenue dans cette question, indépendamment de ce qu'elle

« est un peu vague, pèche encore par le vice de suggestion là où l'on met « en avant l'idée du pacte de sujétion; enfin, par les déclarations mêmes « qu'il contient, puisque, d'après le Tribunal, les réponses des deux « membres du Châra démontrent qu'ils n'avaient pas des idées bien « claires sur ce qu'ils attestaient. . . . .

« En effet, dit le jugement, tandis que, dans la première partie de « leur réponse, ils affirment d'une manière absolue que le départ de « la Tunisie et le transfert de domicile dans un pays étranger ne sont « pas, d'après leur loi, des motifs emportant la cessation de la nationalité « et l'annulation du pacte de sujétion, ils font ensuite, sans nécessité, « d'autres déclarations qui jettent quelque doute sur la vérité de la « première, telles que, par exemple, l'une qui dit que la nationalité « d'origine persiste dans le sujet qui se rend à l'étranger pour affaires « particulières, et l'autre qui dit que l'origine durant dans son état « primitif, le Tunisien, même *en rentrant*, reste tout simplement dans « sa primitive nationalité et sujétion. »

Le Tribunal a ajouté que les deux membres du Châra, tout en mettant en avant l'idée féodale du pacte de sujétion pour seconder les insinuations de la demande, n'ont nullement affirmé qu'aux termes des textes de leur Châra, le consentement du Gouvernement fût nécessaire pour l'annulation de ce pacte.

Cette interprétation, doublement erronée en fait et en droit, nous a péniblement impressionné.

La nuit et les ténèbres enfantent des prodiges, et il y a des circonstances où l'étranger absolument inconnu peut ne point inspirer d'intérêt et se voir privé des égards qui lui sont dus.

Mais, au lieu d'exprimer des plaintes et des regrets, nous allons exposer sur ce point la simple vérité, car si la nuit et les ténèbres enfantent des prodiges, la vérité, elle, finit toujours par se produire et éclater.

Je dirai donc que depuis que j'ai l'honneur d'être chargé de la défense des droits de mon Gouvernement, je n'ai jamais pensé que le caïd

Nessim pût être considéré sérieusement comme ayant perdu réellement la qualité de sujet tunisien, parce que je savais que, dans nos lois, il n'y a aucune base sur laquelle on aurait pu établir la perte de la nationalité dans la question qui nous occupe; et, comme nous l'avons déjà dit, c'est celui qui prétend le contraire qui doit en donner la preuve.

Quelques-uns de nos consorts de litige touchant la nullité du testament ont invoqué l'article 92 susdit, et, comme ils prévoyaient que la partie adverse invoquerait peut-être, comme moyen de défense, la suspension des Codes, par suite de celle des Tribunaux, je leur dis : Oui, cela peut avoir quelque apparence de vérité; mais ni les lois, ni les Codes n'ont été abrogés; et, comme preuve de ce que j'avançais, je citai la déclaration que notre souverain avait adressée en réponse au représentant de l'Angleterre, qui avait demandé si le *pacte fondamental* (*and El Aman*) avait été abrogé, ou s'il était toujours en vigueur, cette déclaration portant, en substance, que les dispositions du pacte fondamental étaient toujours en vigueur, et observées, ainsi que cela résulte de son écrit en date du 5 rebi 1er 1281.

D'ailleurs, l'article 92 n'a rien ajouté à ce qui existait déjà dans la loi du pays; car les dispositions de notre Châra durent et dureront tant que la société islamique existera.

Ils me dirent alors : Cependant, il n'y a pas d'inconvénient à ce que nous ayons une fetwa, c'est-à-dire une interprétation de nos savants sur la question; et conséquemment l'un d'eux fit demander cette interprétation au cheik El Islam à Tunis, et la réponse est celle qui a été soumise au Tribunal.

Voyons maintenant ce qu'a dit le jugement à propos de cette interprétation, afin de juger si la critique qu'il en a faite est justifiée.

Il a dit, en premier lieu, qu'elle lui inspirait peu de confiance par sa date; car, d'après lui, on pourrait supposer que ce document a été fait pour le besoin de la cause, afin de l'opposer à l'interprétation des autorités de Sousse.

Nous répondons qu'il n'est pas besoin de contester que, si on a demandé une interprétation, c'était véritablement au sujet de la cause pendante; mais les textes que le cheik El Islam a cités, n'en déplaise à nos adversaires, existent dans nos lois et sont bien antérieurs à la cause pour laquelle ils ont été invoqués dans la *fetwa*.

En ce qui concerne le cadi et le mufti de Souse, ces deux magistrats sont et demeurent tout à fait étrangers à ce qu'on a voulu leur attribuer dans la prétendue interprétation, qui a été démentie par leur propre écrit, ainsi que le Tribunal le verra (Voir la pièce n° 1.). Ces deux personnes sont, d'ailleurs, incapables d'altérer la vérité à la charge des tiers, de même que sur les textes et les dispositions de nos lois et de notre livre sacré.

En conséquence du témoignage sus énoncé, il n'est pas douteux que la prétendue interprétation attribuée aux autorités religieuses de Souse est une pure invention. Pour moi personnellement, je crois savoir ce qui a probablement donné lieu à tout cela, et si l'on veut en être instruit, qu'on écoute ce que je vais dire :

Un jour, je me trouvais avec M. Salomon Samama, neveu de la femme du caïd Nessim et son mandataire dans le procès actuel; la conversation tomba sur un certain individu qui avait pris goût aux usages du pays où il se trouvait, et je lui dis : Les savants qui ont affirmé que celui qui réside dans un pays pendant trois ans est considéré comme l'un de ses habitants, c'est-à-dire qu'il en prend les mœurs, ont bien raison. Deux ou trois jours après, ledit Salomon revint me voir et me dit, en se servant de mes propres expressions : Je vous prie de m'indiquer l'ouvrage de droit dans lequel se trouve ce que vous m'avez dit l'autre jour. Je lui répondis que j'avais lu cela dans quelques ouvrages de morale et de pédagogie, où l'on expose que l'homme par sa nature, particulièrement dans sa jeunesse, est enclin à prendre les habitudes du milieu où il se trouve; et, en effet, *cum sancto sanctus eris et cum perverso perverteris;* et je finis par lui dire : Demandez à vos savants, et ils vous indiqueront précisément le livre où vous pourrez trouver ces maximes.

Je n'aurais jamais soupçonné qu'il aurait pu prendre cela comme des textes de lois emportant ou légitimant la perte de la nationalité ; car, si j'avais pu le prévoir, je l'aurais détrompé sur le champ, attendu que j'ai chez moi assez de livres contenant les textes et les commentaires de nos lois.

Ensuite, lorsque parut la prétendue déclaration de Souse, je dis à à mon même interlocuteur : Comment avez-vous pu inventer une pareille déclaration? Il me répondit : Je n'ai rien inventé, car cette déclaration a été délivrée par le cadi et le mufti de Souse. A quoi je répliquai : Que Dieu les en préserve ! Ce n'est pas possible ; ce sont des hommes loyaux et honorables, incapables de mentir à notre Châra. Et pourquoi n'ont-ils pas écrit eux-mêmes leur déclaration, pourquoi ne l'ont-ils ni signée, ni même revêtue de leur cachet, comme cela se pratique en pareil cas? Pourquoi encore n'ont-ils pas indiqué les autorités d'où ils auraient extrait une telle réponse?

Il me répondit : Comment pouvez-vous dire que la déclaration est mensongère, tandis que c'est vous-même qui l'avez indiquée! Je lui répliquai : Il y a une grande différence entre l'une et l'autre chose; j'étais dans une voie et vous êtes entré dans une autre. J'avais parlé précédemment avec vous de mœurs et de coutumes, et vous avez supposé qu'il s'agissait de décisions juridiques. Puis j'ajoutai : En tous cas, cette déclaration n'est jamais émanée du cadi et du mufti de Souse. Il reprit : Et pourtant ce sont eux qui l'ont délivrée. Je répartis : Avant ce jour, je n'avais aucun soupçon sur votre compte, mais maintenant je ne doute pas que vous ayez écrit à votre frère à Souse, et que celui-ci ne vous ait donné cette déclaration pour les besoins de votre cause. Il me dit : Non; je me suis rendu moi-même à Souse, deux ou trois fois, et nous avons envoyé l'interprète aux deux docteurs susdits. Je lui dis : Les connaissez-vous, oui ou non, pour d'honnêtes gens? Oui certainement, répondit-il. Hé bien, ajoutai-je, ils ont dit et déclaré eux-mêmes qu'ils n'ont pas eu à répondre de la sorte, personne ne les ayant interrogés à ce sujet. C'est étonnant, fit mon interlocuteur. Je lui demandai encore : Les avez-vous entendus vous-même répondre à l'interprète? Il me dit : Non, mais j'ai vu l'interprète monter l'escalier de l'endroit où ils se trouvaient, et quelque temps après, il est descendu et m'a répété ce qu'on lui avait dit.

Voilà la vérité sur tout ce qui s'est passé à ce sujet. C'est à la Cour à examiner, à apprécier et à peser toutes choses.

Quant à la critique que le jugement a faite de l'interprétation du cheik El Islam et de son collègue à propos de la forme sous deux points de vue, dont le premier porte que, dans la question, celui qui a formulé sur la demande n'est pas indiqué, je réponds que l'usage, à propos des interprétations ou déclarations Fetwaislàmiques, est que celui qui propose la question ne se fasse pas connaître, c'est-à-dire qu'il ne mette pas son nom au bas de la question, parce que le mufti, en donnant sa réponse ou son interprétation, ne doit prendre en considération ni la personnalité du demandeur, ni sa nationalité, ni sa croyance: c'est là ce qui se pratique constamment dans tous les pays islamiques, et ce qu'il y a de plus conforme à la logique et la bonne foi.

Le jugement déclare en outre que l'on peut être porté à penser que le Gouvernement tunisien a posé la question et l'a résolue lui-même.

Cette appréciation contient une erreur *absolue* qui tire sa cause de l'ignorance où sont les premiers juges, des habitudes et des coutumes islamiques, et sur la présomption naturellement inexacte que les interprètes de la loi sont dépendants du Gouvernement.

Cette erreur est d'autant plus excusable qu'elle est fort répandue en Europe et que l'on pense souvent que les Gouvernements musulmans ont le double pouvoir d'établir des lois et de les appliquer, tandis qu'en réalité rien de semblable n'existe.

La législation, au contraire, a sa base dans la religion et dans les ouvrages classiques de droit, dont les disposisions sont obligatoires, et il suffit aux juges d'appliquer ces dispositions légales aux cas particuliers sur lesquels ils sont appelés à se prononcer. Et, en admettant même que quelqu'un d'entre eux pût se laisser entraîner à éluder les dispositions de la loi, il saurait néanmoins qu'il trouverait immédiatement assez de savants pour corriger sa faute, remettre les choses dans la bonne voie et rendre manifeste son inaptitude à remplir les fonctions à lui confiées.

Quant au Gouvernement, il n'a pas et n'a jamais eu d'action sur l'indépendance des interprètes de la loi : c'est pour cette raison que les appréciations du Tribunal touchant les magistrats appelés muftis, nous ont convaincu qu'en général les Européens ignorent l'état véritable et l'indépendance absolue de ces interprètes de la loi.

Nous avons, en conséquence, jugé à propos de produire un témoignage, en langue italienne, de quelques représentants des gouvernements étrangers à Tunis, qui peut jeter quelque lumière sur la question qui nous occupe. (Voir pièce n° 2.)

La seconde objection ou observation du Tribunal concernant la forme est une appréciation qui touche directement les muftis, et par laquelle le Tribunal laisse entendre que la réponse leur aurait été suggérée par les expressions de la demande, puisque celle-ci faisait, en effet, mention du pacte de sujétion.

Si cette critique avait quelque fondement, aucune réponse n'en serait exempte; car, une question étant posée, il faut bien employer dans la réponse la plupart des expressions dont on s'est servi dans la demande. Il est tout naturel que la demande ou question soit la préparation, ou, pour mieux dire, contienne les éléments des prémisses et de la conséquence ou réponse qui doit sortir des prémisses logiquement parlant.

Or, cette loi de la conséquence force naturellement le mufti de se servir des prémisses dans la réponse à la question; et c'est pour cela qu'on dit en arabe, comme un axiome, qu'une question bien posée est déjà la moitié de la réponse (ce que les Européens traduisent sous une forme plus rapide et plus précise encore en disant : Question bien posée est à moitié résolue). Dès lors, la reproduction dans la réponse de certaines expressions de la demande est une nécessité logique.

Dans la loi musulmane, la nationalité a pour base la religion pour le sujet musulman, et le pacte de sujétion pour le sujet non musulman. Or, comme dans l'espèce, il s'agit d'un sujet non musulman, il a bien fallu que celui qui formulait la demande fît mention du pacte de sujétion, qui était en réalité le fond de la demande.

Le Tribunal observe en outre « que les muftis, après avoir affirmé « d'une manière absolue que le départ de la Tunisie et le transfert « de domicile en pays étranger ne sont pas, d'après leur loi, des motifs « emportant la cessation de la nationalité et l'annulation du pacte de « sujétion, en viennent à faire sans nécessité des déclarations qui jet- « tent quelque doute sur la vérité de la première; l'une, par exemple, « disant que la nationalité d'origine continue à durer pour le sujet « qui se rend à l'étranger pour affaires particulières, et l'autre, que le « Tunisien, en rentrant dans son pays, demeure tout simplement dans « sa nationalité et sa sujétion primitives, son état n'ayant pas été « modifié par son séjour à l'étranger. »

Le Tribunal a pensé que cette expression *en revenant* (en rentrant) était la conclusion de la fetwa des muftis, qu'en subordonnant l'état de sujétion au retour on commettait une contradiction avec le sens absolu exprimé auparavant, et que cela est de nature à jeter quelque doute sur le véritable sens de la réponse des muftis.

Nous répondons que les muftis ont parlé de retour comme motivant et amenant la réponse définitive, qui constitue en effet une décision absolue, et qui n'est nullement subordonnée au retour, ainsi que cela résulte des mots : ALA HEDA, C'EST POURQUOI.

En résumé, la réponse des muftis, telle qu'on doit la comprendre, d'après les principes de la langue arabe, veut dire que la résidence en pays étranger de celui qui est sous la juridiction musulmane, ne suffit pas à rompre le pacte de sujétion, quand même l'individu aurait dit ouvertement : J'ai rompu le pacte. Le mufti a invoqué sur ce point l'opinion de Zéilahi et de l'auteur du *Deror*, et ensuite un autre motif logique et concluant, que le sujet non musulman qui aurait résidé à l'étranger et aurait même dit : « J'ai rompu le pacte, » en supposant qu'il soit revenu en pays musulman, continue d'être soumis aux lois du pacte, puisqu'il a les mêmes droits et les mêmes devoirs que nous, sans qu'il soit besoin de renouveler le pacte de sujétion. Et cela prouve que sa permanence dans un pays étranger ne l'affranchit pas de la sujétion, quand même il aurait dit qu'il voulait rompre le pacte, à plus forte raison quand il ne l'a pas dit.

Tels sont en définitive le sens et la portée de la fetwa, et on ne pourrait la comprendre différemment qu'en changeant le sens naturel des mots.

Quant à l'objection tirée de ce que les deux muftis n'auraient invoqué aucun texte de loi musulmane portant que le pacte de sujétion ne peut être annulé qu'avec le consentement du Gouvernement, nous répondons que le Tribunal n'a pu raisonner de la sorte que parce qu'il a assimilé le pacte de sujétion selon la loi islamique au système féodal enté sur le droit romain.

Nous avons cependant déjà expliqué que, chez les musulmans la féodalité telle qu'elle a existé en Europe est inconnue. Seulement, le pacte de sujétion constate que des individus non musulmans consentent à devenir sujets d'une puissance musulmane et à se soumettre à la loi islamique, qui leur accorde les mêmes droits et leur impose les mêmes devoirs qu'aux musulmans.

Dans ces conditions le chef du Gouvernement doit leur appliquer la loi nationale à laquelle ils se sont volontairement soumis ; par conséquent, le souverain lui-même n'aurait ni le pouvoir de les affranchir des obligations contractées, ni celui de consentir à la résiliation du pacte, parce que, en Tunisie, cela intéresse l'ordre public et que c'est un droit inaliénable de la nation, qui a sa base dans le principe théocratique. Et, en admettant même que le souverain eût ce droit ou cette faculté, il n'y aurait aucune conséquence à tirer contre nous du silence des deux muftis sur ce point, d'autant plus que la sujétion étant un pacte ne peut être annulée qu'avec le consentement des deux parties.

Nous ne saurions vous dissimuler notre étonnement de ce que les premiers juges après avoir critiqué en la forme et au fond la fetwa du Cheik El Islam, aient accordé crédit à la prétendue fetwa, du cadi et du mufti de Souse, relative aux trois ans de résidence, qui n'est point signée comme celle du Cheik El Islam et n'offre aucun caractère d'authenticité.

Or, comment accorder une valeur quelconque à une déclaration prétendue authentique, dressée contre toutes les règles usitées, puisqu'elle n'est ni écrite, ni signée par les autorités de Souse, et qu'elle ne porte pas même l'approbation ou le cachet de ceux à qui on l'attribue? Et cela, d'autant plus que le cadi et le mufti ont à leur disposition dans leur prétoire des notaires et des greffiers spécialement chargés de la rédaction ou de la transcription des pièces, qui pourtant, quoique écrites par eux, n'ont de valeur qu'après la signature ou l'approbation du cadi ou du mufti dont elles émanent.

Il est en effet parfaitement évident que la fetwa attribuée au cadi et au mufti de Souse est une pure invention, et que la *loi* sur laquelle on a voulu la baser n'existe pas plus à Tunis que dans la Tunisie, à moins d'admettre ou de soutenir qu'après l'apparition de cette fetwa, ladite loi a disparu ainsi que ce pauvre interprète, qui n'est plus de ce monde et dont on ne pourrait trouver traces que dans les archives de M. Albérici.

Ainsi donc le cadi et le mufti que fait parler M. Albérici sont pour lui de la même espèce que le cadi et le mufti de l'abbé Bourgade dans son roman intitulé : *Les Soirées de Carthage.*

Au surplus, pour tout esprit impartial cette fetwa est de pure invention, et elle contient même *in fine* une appréciation qui en marque indubitablement l'origine toute de fantaisie, car il y est dit que l'individu, après trois ans de résidence, perd non-seulement sa nationalité d'origine, mais qu'il *devient même national du pays où il a résidé.*

Qui veut trop prouver en arrive à ne rien prouver du tout.

Les premiers juges ont bien compris par leur jugement que ni le cadi ni le mufti n'avaient qualités pour déterminer dans quelles conditions on peut acquérir une nationalité étrangère.

Quant au traité de 1822, passé entre Tunis et la Toscane, il ne peut pas être invoqué contre nous dans l'affaire en question, car il a été rédigé dans des circonstances exceptionnelles, spéciales et contrairement à la loi fondamentale de l'Etat. Ce qui le prouve, c'est la convention elle-même. C'est pourquoi dès que le moment favorable s'est présenté, on s'est empressé, en 1846, d'abroger cette convention tout à fait spéciale, et *sui generis*, et il n'est jamais venu à l'esprit de personne de soutenir qu'en vertu même de cette convention entre Tunis et la Toscane, le sujet toscan pût perdre sa nationalité par deux ans de résidence dans un pays étranger.

Nos critiques à propos de la fetwa de Souse se rapportent même à la rédaction de l'acte, indépendamment des autres preuves qui démontrent jusqu'à l'évidence le peu de foi que l'on doit y ajouter; cette fetwa contient des formules et des expressions qui ne sont nullement usitées dans les fetwas islamiques, comme celles-ci: « *d'après le Coran et ses commentaires;* » quiconque voit le mot *Coran* dans un acte de ce genre peut affirmer sous serment que l'auteur de cet acte n'a aucune connaissance des règles en matière de fetwas :

1° D'abord, parce que, dans les fetwas, ou réponses interprétatives des savants, ce n'est jamais sur le Coran qu'on s'appuie, mais sur les livres juridiques des rites islamiques ;

2° Parce que le Coran contient des chapitres et des versets généralement connus, puisqu'ils sont appris même par des enfants dans les écoles, et qu'on ne trouve dans aucun de ses versets ce qu'on fait dire à la fetwa, savoir, qu'après trois ans de résidence dans un pays, on en devient citoyen.

Du reste, le Coran est traduit en toutes les langues de la terre, ses commentaires se trouvent dans toutes les bibliothèques d'Italie à côté de l'Evangile et de la Bible; la Cour pourra inviter nos adversaires à produire le verset ou les passages sur lesquels ils fondent leurs prétentions à la véracité de la fetwa;

3° Parce qu'il y a aussi les mots « *perte de la nationalité;* » cela ne correspond nullement aux locutions ou formules arabes usitées dans les fetwas, à moins que ce ne soit une traduction en langue étrangère.

Chaque langue a son génie et des locutions qui lui sont propres qui ne se rencontrent dans aucune autre. C'est pourquoi lorsqu'une locution n'est pas arabe, l'Arabe s'en aperçoit de suite, de même tout autre étranger s'aperçoit de suite si l'on emploie dans sa langue des mots qui ne sont pas propres.

Une des raisons qui nous ont encore fait douter de l'authenticité de la fetwa de Souse repose dans le soin que nos adversaires ont pris de se procurer une autre attestation ou témoignage, attribuée pareillement au cadi et au gouverneur de Souse (voir pièce n° 19), portant, en résumé, que les Israélites ne jouissent en Tunisie que de la simple protection et non de la nationalité comme les Musulmans; que, par suite de cela, ils ne peuvent être ni fonctionnaires, ni notaires publics, et cela en présence de l'autre déclaration produite par la veuve (voir pièce n° 23), dont les auteurs sont Israélites, déclaration qui commence par ces mots: « Nous, « soussignés, rabbins et notaires publics à Souse, attestons, » etc., etc.

Que de confusions et de contradictions nos adversaires n'ont-ils pas accumulés en quelques lignes! On articule que les Israélites ne jouissent en Tunisie que d'une simple protection et non de la nationalité, puisqu'ils peuvent perdre la nationalité tunisienne dans des cas déterminés, ce qui paraît indiquer qu'ils peuvent posséder une nationalité; et enfin, que les Israélites ne jouissant que d'une simple protection ne peuvent être fonctionnaires de l'État. . . . .

Les rédacteurs de ces attestations ont sans doute perdu de vue qu'il s'agissait précisément au procès de la succession du comte caïd Nessim

Samama qui, de son vivant, avait occupé en Tunisie, *pendant de longues années, les fonctions et les emplois publics de l'ordre le plus élevé.*

M. le vice-consul Alberici, après s'être constitué le défenseur de la veuve du caïd Nessim, bien qu'elle ne fût nullement Italienne, s'est employé lui-même à obtenir ces déclarations au profit de cette dame; il les a certifiées de sa propre main, tandis que le consul général italien, ainsi que cela est établi par l'inventaire, se refusait d'intervenir et de reconnaître le caïd Nessim comme Italien, nous voyons pourtant le même vice-consul, M. Alberici, intervenir dans l'affaire, tantôt comme juge tunisien, puis comme juge italien, ensuite en qualité de notaire et, enfin, comme mandataire et agent d'affaires de la veuve du caïd Nessim. Il a reçu, en outre, à la requête de la veuve trois attestations (voir les numéros 3 et 37 des documents), l'une qui parle de la division en trois branches de la famille Samama en Tunisie, et l'autre, qui déclare que le père du caïd Nessim était originaire de Toscane, et, enfin, une troisième qui porte que les Israélites ne relèvent que de la loi du pays où ils se trouvent, et nullement de leur loi religieuse.

Tous ces documents produits par nos adversaires se trouvent contredits par les faits, et nous avons toute confiance que la Cour de Lucques ne leur accordera aucun crédit, se fondera sur l'article 92, sur le fetwa du cheik El Islam, sur les traités existants entre l'Italie et la Tunisie, et décidera que les droits, les devoirs et la capacité de sujets tunisiens appartiennent dans leur entier aussi bien aux Israélites qu'aux musulmans.

CONCLUSION

La simple lecture, sans aucun commentaire, de l'article 13 du traité existant entre les gouvernements de Tunis et d'Italie, suffit à repousser plusieurs erreurs qui se sont glissées dans le jugement dont est appel et à poser les principes dont nous demandons l'application par la Cour de Lucques.

Cet article s'exprime ainsi : « *Seront considérés en Italie comme sujets « tunisiens, et à Tunis comme sujets italiens tous ceux qui, d'après les « lois de leur pays, ont conservé leur nationalité d'origine.* »

Il résulte clairement de cette disposition que ce qui concerne la nationalité est réglé d'après les lois du pays d'origine, car elle indique qu'on doit prendre en considération pour la conservation de la nationalité la loi d'origine, et non ce que peut faire l'individu contrairement à cette loi; conséquemment, celui qui renonce à sa nationalité contrairement aux lois du son pays ne change pas pour cela de nationalité; car, sa renonciation n'étant pas permise par la loi, doit être considérée comme nulle et non avenue; or, ce qui est nul n'existe pas et ne peut produire aucun effet.

Si nos adversaires persistent à soutenir que celui qui s'établit dans un pays étranger sans esprit de retour doit être considéré, d'après la loi tunisienne, comme ayant perdu sa nationalité, nous lui demanderons dans quel livre, dans quel code de lois tunisiennes trouve-t-on une pareille disposition ?

Il ne suffit pas de dire que le Tribunal, ne connaissant pas les textes des lois tunisiennes, a été amené par notre silence à conclure qu'elles ne contiennent aucune disposition qui défende de renoncer à la nationalité d'origine, car nous avons gardé le silence parce que nous avons cru que celui qui prétend que cette faculté existe chez nous est obligé d'en fournir la preuve; et ce silence ne peut pas être invoqué contre l'existence de la prohibition en question, puisque nous avons produit la fetwa du cheik El Islam et consort, et que d'autres ont produit l'article 92, ce qui, selon nous, suffisait pour démontrer que la faculté dont il s'agit n'existe nullement.

Et qu'on ne nous objecte pas que la fetwa du cheik El Islam n'a inspiré aucune confiance, qu'en outre dans l'article 92, tel qu'il est traduit, on n'a pas trouvé ce que nous y avons vu ; car, nous pourrions alors répondre : Puisque vous n'avez trouvé valable ni la preuve de la prohibition ni celle de la permission, vous deviez vous en tenir à ce que vous avez admis comme péremptoirement prouvé, savoir que le caïd Nessim était Tunisien et fils de Tunisien.

Sur quel élément de preuve a-t-on pu se fonder pour dépouiller le caïd Nessim de sa nationalité tunisienne, qui était indiscutable?

Et, si on nous répondait que le Tribunal a prononcé la perte de la nationalité, en se basant sur la fetwa de Souse, qui dit « que celui qui « demeure pendant trois ans dans un pays non musulman perd sa na- « tionalité d'origine, et devient sujet du pays où il réside, » nous répliquerions à notre tour qu'on a fini par découvrir que cette fetwa est une pure invention, et, contient des contradictions inconciliables dont il est facile de se rendre compte.

Les principales sont les suivantes :

1° M. le vice-consul Albérici a prétendu que c'était bien une fetwa du cadi et du mufti, de même qu'il a prétendu que la pièce n° 19 était la reproduction des paroles de deux autorités, en faisant dire au cadi que *les Israélites n'ont pas de nationalité*. Comment est-il possible que celui qui n'a pas de nationalité puisse la perdre par trois ans de résidence à l'étranger? Le cadi en s'exprimant ainsi serait en contradiction avec lui-même;

2° On fait dire au cadi ces paroles : « Il devient *Ouahed men houm,* » c'est-à-dire un d'eux, un de leur nation, ou mieux encore, leur concitoyen;

Or, cette acquisition de la nationalité étrangère ne pourrait avoir lieu que d'après la loi du pays étranger et nullement d'après la loi du cadi et du mufti; cela vient encore appuyer notre affirmation que ceux qui ont produit cette prétendue fetwa pour les besoins de leur cause ont commis des erreurs impardonnables;

3° Cette fetwa contient ces mots : « *d'après le Coran,* » sans indication de passage ou de verset, alors que le Coran est traduit dans presque toutes les langues;

4° Le quatrième motif, c'est l'absence tant de la signature que du sceau ou cachet du mufti et du cadi, et ce contrairement à tous nos usages;

5° La déposition *de auditu* par un seul individu (témoin unique), déposition sur laquelle on ne peut baser un jugement, alors surtout qu'il s'agit d'affaires aussi importantes que la nôtre.

Il se peut cependant que celui qui prolonge son séjour dans un pays étranger non mulsuman, ait ordre d'y résider, comme les représentants des Gouvernements, ou bien qu'il y réside pour faire ses études, son apprentissage, le commerce ou pour son plaisir comme simple voyageur, ou enfin pour tout autre motif, et que, dans tous ces cas, l'absence et sa durée d'au moins trois ans se trouvent justifiées.

Or, la résidence prolongée en pays étranger pour des motifs tels que ceux que nous venons d'indiquer ne doit pas être assimilée, quant à ses effets, à celle qui, d'après le Tribunal, fait perdre la nationalité; car il y a entre l'une et l'autre cause d'absence une différence marquée et saisissable.

Est-ce que le jugement, en prononçant la perte de la nationalité, s'est basé sur l'absence prolongée non justifiée d'après la loi, ou bien sur ce que le caïd Nessim se serait absenté sans esprit de retour?

Si l'on nous objecte que cette décision est fondée sur le second motif, la résidence du caïd Nessim à l'étranger, sans esprit de retour, nous répondons alors que la lumière est faite; car nous avons la conviction que le jugement n'est pas basé sur la fetwa de Souse, bien qu'il l'ait pourtant considérée comme renfermant un motif suffisant pour en conclure que notre loi devait contenir des dispositions indiquant les causes de la perte de la nationalité, quoique le texte n'en soit pas connu. Nos adversaires qui ont produit dans ce débat tant de déclarations de toute nature ont été cependant dans l'impossibilité de produire ce texte, et il leur a fallu nécessairement recourir à une autre loi pour décider la question.

Le tribunal de Livourne a suivi cette voie, et, comme les lois italiennes étaient aussi muettes que les lois tunisiennes, il a décidé que d'après les lois françaises, la nationalité pouvant se perdre par l'établissement en pays étranger sans esprit de retour, il devait faire l'application de ce principe au caïd Nessim, qu'il a considéré comme résidant en Italie sans esprit de retour à Tunis.

Rien ne peut justifier l'application de la loi française au cas présent, qui devait être réglé d'après la loi tunisienne, laquelle ne reconnaît ni la renonciation tacite, ni même la renonciation expresse.

La partie du jugement relative à la question de la nationalité était celle sur laquelle nous désirions plus spécialement vous adresser quelques courtes observations. En ce qui concerne celle relative au testament, nous nous en remettons entièrement au zèle éclairé de nos honorables défenseurs, qui sont sans doute bien étonnés de voir qu'on ait déclaré la validité du testament d'après la loi italienne, tout en décidant que le testateur est décédé sans appartenir à une nationalité quelconque (voir l'article 6 des dispositions préliminaires du Code civil). Car, dans ce cas, il eût semblé plus logique d'appliquer à la succession la loi naturelle, sans tenir le moindre compte du testament, puisque les testaments n'ont de valeur qu'en vertu d'une loi positive nationale, ou d'après les préceptes religieux, et non d'après la loi du lieu du décès, lieu qui ne peut être ni prévu, ni apprécié en cette matière, parce qu'il est toujours incertain.

Après avoir énoncé les dispositions que nous venons de rappeler, le jugement accorde à la veuve le legs qui est énoncé dans le testament, et, revenant ensuite à la loi italienne, lui alloue en outre l'usufruit du tiers de la succession.

De telle sorte :

1° Que la veuve du caïd Nessim Samama jouirait des dispositions de la loi italienne pour obtenir le bénéfice énorme du tiers de l'usufruit de la succession ;

2° Qu'elle recueillerait en outre le legs énoncé au testament ;

3° Que le caïd Nessim serait lui-même dépouillé de sa nationalité tunisienne au nom des dispositions de la loi française ;

4° Qu'il serait *en fait* considéré comme Italien ;

5° Enfin, qu'il serait *en droit* dénommé de cosmopolite ou sans nationalité.

OBSERVATIONS DIVERSES

Le jugement dont est appel estime que le caïd Nessim aurait perdu sa nationalité tunisienne par son intention de ne plus retourner dans son pays natal.

En supposant un instant, ce qui est absolument inexact, que ce fait ait suffi pour lui faire perdre sa nationalité, d'après la loi tunisienne, il est utile de rechercher dans quelles circonstances on a cru pouvoir trouver la preuve de cette intention.

Le jugement rappelle entre autres une lettre du général Baccouch, en date du 27 rebi 1er 1289, où il est dit : « Revenez dans votre patrie, le général Khérédine désire votre retour ; la patrie a besoin de ses enfants intelligents comme vous ; les convenances mêmes exigent votre retour. »

Le caïd Nessim répondit à cette lettre que sa santé, ses procès pendants à Paris, et, par conséquent, la nécessité de se trouver avec ses avocats, l'empêchaient pour le moment de se rendre à Tunis.

Il fut ensuite invité plusieurs fois à y revenir, pour régler ses comptes avec le Gouvernement ; mais il continua à trouver des excuses et des moyens dilatoires, et il demanda même un *sauf-conduit* du souverain. On lui répondit qu'il n'en avait pas besoin, puisqu'il était parti avec le consentement et pour le service du Gouvernement, et qu'il n'y avait que des coupables qui pussent demander un sauf-conduit.

Cependant, il n'a pas cessé dans sa correspondance avec le ministère et avec nos fonctionnaires, jusqu'à la dernière semaine qui a précédé sa mort, de prendre la qualification de *général de brigade* et de *directeur et receveur général des finances tunisiennes*, ainsi que cela résulte des *procès-verbaux* de l'inventaire. Peut-il y avoir une meilleure preuve qu'il ait voulu, jusqu'au jour de sa mort, conserver sa nationalité et ses qualités, conformément à ce que prescrivent les lois de son pays?

On trouve aussi mentionnées dans ces procès-verbaux d'autres pièces desquelles il résulte également qu'il n'a jamais renoncé ni à sa résidence dans son pays, ni à ses fonctions publiques.

En examinant attentivement les écrits et la situation du caïd Nessim, on s'aperçoit facilement qu'il n'a jamais eu l'idée d'abandonner définitivement son pays natal. Seulement, comme il avait des craintes sur le résultat final de ses comptes et de sa gestion, il ne voulait rentrer qu'après avoir trouvé le moyen d'arranger cette affaire; mais il n'a pu y parvenir, parce que les sommes considérables dont il était débiteur étaient connues de tous les fonctionnaires du Gouvernement.

Le ministre qui était alors à la tête des affaires, malgré son intimité avec le caïd Nessim et la protection qu'il lui accordait, se trouva enfin dans la nécessité, en raison du retard qu'éprouvait le règlement de ses comptes, de lui faire écrire en son nom une lettre dont le ton est assez énergique, et où il est dit, entre autres choses : « Croyez-vous donc qu'on « puisse passer outre sur une somme de plus de 11 millions qui est à « votre débit dans les registres du Gouvernement? »

A cela encore, il n'a répondu qu'en s'excusant sur l'état de sa santé, et il n'a jamais rien dit qui indiquât son intention de ne plus rentrer dans sa patrie.

Toutes ces lettres se trouvent à l'inventaire et sont parfaitement connues de nos adversaires.

Quand le caïd Nessim mourut, ses héritiers, qui sont ses neveux, étaient à Tunis. Le consul tunisien, à Livourne, ayant télégraphié que le caïd Nessim avait laissé un testament et qu'on faisait courir le bruit qu'il était mort naturalisé Italien, le ministre répondit au consul de surveiller et au besoin de prendre ou de provoquer des mesures conservatoires touchant la succession, car il s'agissait, disait-il, d'un fonctionnaire tunisien, débiteur envers le Gouvernement de sommes importantes.

Les héritiers demandèrent alors à se rendre en Italie pour exercer leurs droits sur la succession; mais le plus âgé d'entre eux réclama contre le testament, après s'être assuré que, par cet acte, il était exclu de la succession, et le Bey renvoya l'affaire devant les Hobars ou Rabbins.

La Commission financière Internationale notifia ensuite aux héritiers que leur parent était débiteur d'une somme très-importante, et qu'il serait préférable pour eux que l'affaire fût réglée à l'amiable au lieu d'être portée en justice.

Le ministre, celui-là même qui avait ouvert au caïd Nessim les voies de la fortune, se montrait on ne peut plus empressé à terminer cette affaire à l'amiable, pour éviter qu'on ne découvrît ce qui avait dû se passer entre lui et le caïd Nessim, dont il évaluait la fortune à 40 millions.

Les héritiers se montrèrent d'abord disposés à traiter à l'amiable; mais ensuite ils crurent devoir s'y refuser, pour des raisons particulières, étrangères à l'affaire, et dont il est inutile de parler ici.

Plus tard il fut avéré que la succession n'atteignait pas le chiffre qu'on avait supposé, et l'inspection d'une partie des papiers de l'inventaire fit découvrir à la charge du caïd Nessim et de ses auxiliaires, des actes qu'on ne saurait assez flétrir. Le nombre de ceux qui proposaient un arrangement augmenta tellement alors, que le Gouvernement en fut, en quelque sorte, assiégé. Je ne dirai pas que le motif de cet empressement par trop zélé fut seulement, pour plusieurs, le désir d'obtenir un avantage particulier, mais peut-être plutôt pour se mettre eux-mêmes à l'abri des atteintes que la publicité aurait portées à leur réputation.

Le Gouvernement lui-même désirait jeter un voile discret sur les fautes de l'ancienne administration, parce qu'elles imprimaient une tache sur quelques-uns de ses fonctionnaires, quoique la responsabilité ne retombât réellement que sur celui qui dirigeait alors les affaires de l'État; et, en raison de ce désir, il se montrait très-conciliant avec les héritiers, ne voulant point punir dans les neveux les fautes de leur oncle.

Mais ceux qui n'étaient pas au courant du véritable état des choses ont supposé, bien à tort, que le Gouvernement n'agissait ainsi que parce qu'il n'était pas certain de ses droits; que son véritable but était de traîner l'affaire en longueur, pour forcer les héritiers à en venir à un arrangement, ou bien encore pour des motifs qu'il était impossible de deviner.

Pour empêcher que de telles suppositions n'entrassent dans l'esprit des juges eux-mêmes, et pour réduire à néant toute insinuation malveillante, le Gouvernement produisit devant le Tribunal une partie de ses demandes, à titre de renseignement et pour constater qu'il était créancier de la succession de sommes importantes, résultant de comptes déjà réglés; et il se réserva le droit d'assigner les héritiers ou le représentant devant la Cour des comptes de Tunis, pour les comptes non encore réglés, et qui doivent l'être selon les lois et règlements auxquels le caïd Nessim était soumis comme fonctionnaire de l'État.

Tout cela résulte des réserves mêmes, faites au nom du Gouvernement, dans l'acte contenant la demande où il est dit : « Que tous « autres droits et spécialement celui de souveraineté étaient réservés. »

A la suite de la demande du Gouvernement, les héritiers demandèrent sursis et délai, pour rechercher dans les papiers de la succession ce qui pouvait être utile à leur défense; et jusqu'à présent ils n'ont encore rien trouvé qui leur soit favorable. Nous savons que la plupart des pièces inventoriées ne sont pas de nature à les satisfaire, car elles établissent au contraire, sous la forme la plus grave, et l'infidélité et les manœuvres coupables du caïd Nessim.

Qu'il nous suffise, à cet égard, de rappeler la lettre traduite en italien et inscrite à la page 237, vol. 13 de l'inventaire; cette lettre est adressée à son neveu le caïd Moumou :

« Quanto al conto, certo che non chiederanno il conto degli anni « precedenti del tempo di vostro padre. Non vi chiederanno altro che « dopo del conto vostro che già aveto reso, cive, il resto del vostro conto « e il nuovo che vien dopo. E quando vi chiedesservo il vecchio non « rispondete; dite che gia lo ha reso vostro padre di felice memoria. « Badate di non temere nemmeno a parole e che non capiscano nulla « in voi. Jo non passo mai credere ne mi può passare per la mente che « vi chiedano il conto vecchio che precede il vostro : Non vi chiederanno « altro che il conto che segue al vostro, siccome vi mancano trecento- « mila, dite che di questi voi avete pagato a Scialom Bessis, che non ve « ne ha dato tischere, dite anche che avete pagato ad Abramo Beda e « che non ve ne ha dato tischere, ma che quelle di Abramo Beda sono « passate nel suo conto con noi, e mio zio non me ne ha dato tischere : « Scrivetegli ed esso vi farà sapere l'occorente. Quanto a quelli di Scia- « lom dice che gli furono rubati insieme ad altri... Il conto perciò paghi « i denari prima che tu lo scopra e glie ne potrebbe accadere qualche « grave strapazzo, e voi siete garante non dite nulla se non dopo finito « tuto il conto. Vi prego, figliuol mio, comprendete bene la mia lettera, « eseguite quello che contiere, non mi fate stancare a scrivere invano. « Voi, figlinol mio, non pensate e non vi apprensionite. Quel chè vi man- « cherà, io lo pagherò di queste trecentomila piastre. Solo abbiate cura « di voi, siate uomo e abbiate cura dei vostri fratelli, e Iddio protegga « voi et noi. Ora siccome a Dio piacendo io vi tranquilizzo per queste « trecentomila, facendo voi come vi dico, dunque adesso a Dio piacendo, « nel vostro aspetto, nel vostro animo, nelle vostre parole state saldo con « chiunque parlasse con voi, giacche a Dio piacendo, dopo il conto « escirete Saldo. Quanto a Hai Haddad lasciate che egli questioni quando « sia interpellato. Voi quando vi capita l'occasione ajutalolo. Il signore « ci ajuti e vi ajuti., amen. »

Beaucoup d'autres pièces insérées dans les volumes de l'inventaire établissent les coupables agissements du caïd Nessim et nous les avons résumées dans un autre Mémoire.

Le Tribunal a aussi émis le doute que, de la rédaction du traité existant entre l'Italie et la Tunisie, il pourrait exister une distinction entre un *citoyen* et un *sujet* quant aux droits juridiques; cependant il n'a pas cru devoir en faire l'application au caïd Nessim, qu'il a admis comme citoyen tunisien. Nous ne comprenons aucunement que l'on puisse avec ce traité faire la distinction à laquelle on a voulu faire allusion; car la distinction ne peut-être qu'une question de mot et non de substance, citoyens ou sujets sont tous à nos yeux des Tunisiens ayant la même patrie, les mêmes droits et la même sanction.

En effet, la loi islamique accorde aux non musulmans qui sont sous la juridiction musulmane, la même nationalité, les mêmes droits, et leur impose les mêmes obligations qu'aux musulmans. C'est en raison de ces dispositions et des avantages qui en résultent pour les non musulmans que, dans les temps anciens, les Israélites se réfugiaient chez les musulmans pour être à l'abri des persécutions dont ils étaient victimes dans les autres pays.

A cette heure où les nations civilisées sont animées des mêmes sentiments de souveraine tolérance, où la justice est distribuée équitablement sans distinction de nationalité pour les justiciables, nous demeurons dans la croyance la plus absolue que nos droits si respectables et si justifiés seront consacrés et protégés par l'arrêt que nous attendons en toute confiance.

Livourne, le 22 avril 1878.

GÉNÉRAL HEUSSEIN.

87836 Paris. — Typographie Vᵛᵉ Renou, Maulde et Cock, rue de Rivoli 144.

www.ingramcontent.com/pod-product-compliance
Ingram Content Group UK Ltd.
Pitfield, Milton Keynes, MK11 3LW, UK
UKHW020504230726
13925UKWH00005B/2090

9 782019 232955